L'éducation Est Le Pouvoir Un Extrait De La Vie De W.E.B. Du Bois

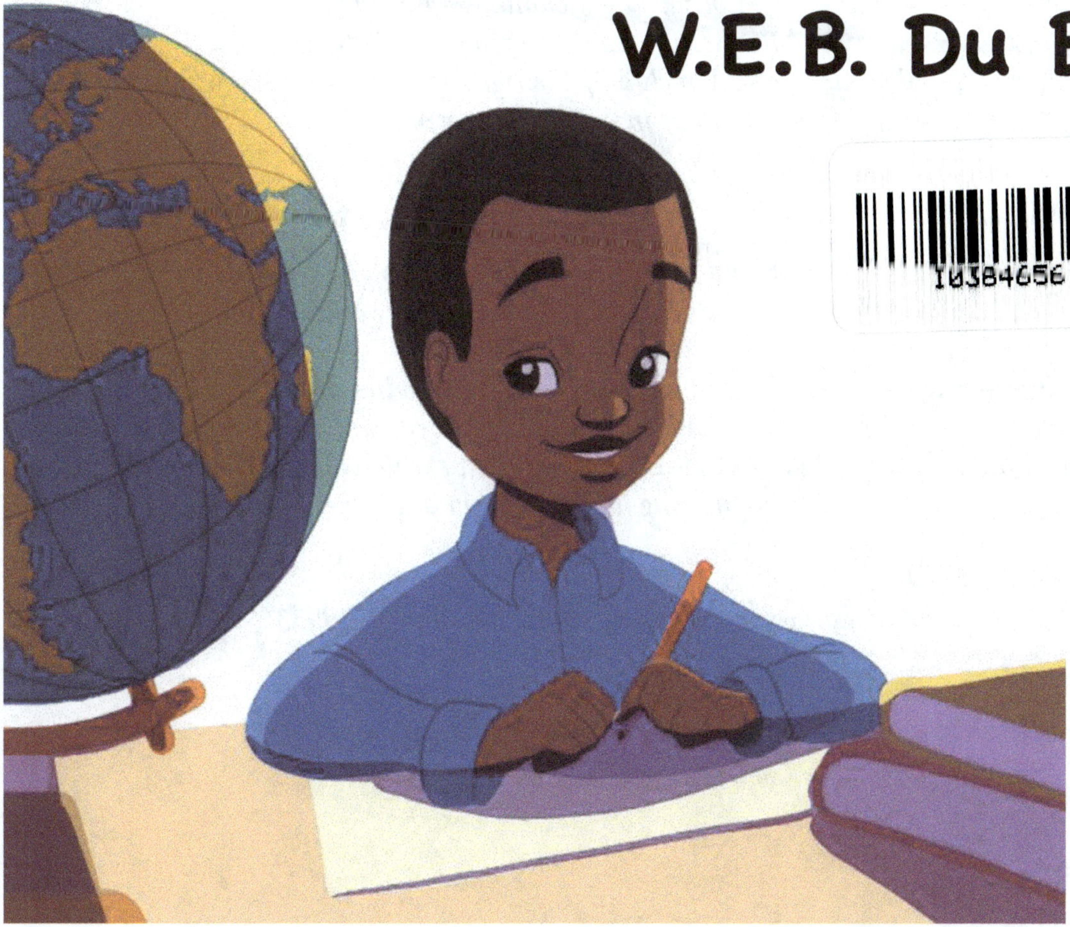

By: Lenny Williams

Published by Melanin Origins LLC
PO Box 122123; Arlington, TX 76012
All rights reserved, including the right of reproduction in whole or in part in any form.
Copyright 2018

First Edition
The author asserts the moral right under the Copyright, Designs and Patents Act of 1988 to be identified as the author of this work.

All rights reserved. No part of this publication may be reproduced, stored in a retrieval system or transmitted, in any form by any means without the prior consent of the author, nor be otherwise circulated in any form of binding or cover other than that with which it is published and without a similar condition being imposed on the subsequent purchaser.

Library of Congress Control Number: 2019933455

ISBN: 978-1-62676-712-6 hardback
ISBN: 978-1-62676-717-1 paperback
ISBN: 978-1-62676-716-4 ebook

Dedication

Je dédie ce livre à tous les jeunes rêveurs et les dirigeants du monde entier. Ne jamais abandonner sur vos objectifs, et continuer à rêver et de mener comme un. La vie viendra avec des obstacles, mais je sais que vous aurez tous la force de les surmonter par la foi et par la sagesse que vous avez obtenue au cours des années.

Lenny Williams

L'éducation c'est le pouvoir et cela nous permet de mieux comprendre le monde qui nous entoure.

Je suis sûr que vos parents et vos enseignants vous ont parlé des choses incroyables qu'une éducation peut vous apporter aussi!

Bonjour, je m'appelle W.E.B. Du Bois, et je veux vous raconter comment l'éducation a changé ma vie

Elle savait que l'apprentissage de nouvelles choses était très spécial pour moi, parce que j'aimais étudier et obtenir de bonnes notes à mes contrôles.

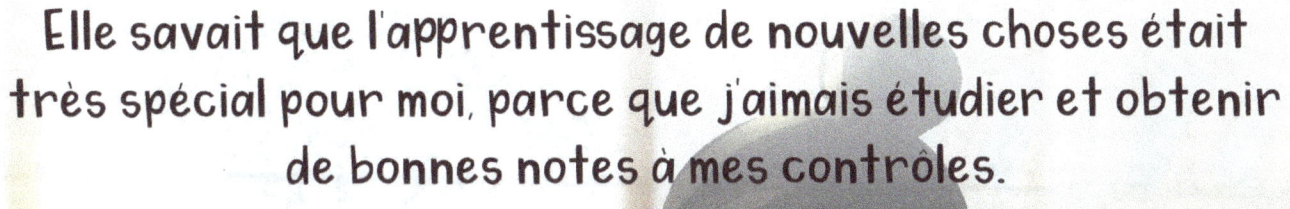

Un jour, elle m'a dit que si j'étudiais beaucoup, non seulement mon éducation me donnerait un titre d'honneur, mais cela me donnerait aussi la capacité de faire ce que je voudrais dans la vie.

J'ai vécu par ces mots d'adultes dans ma vie, et ils m'ont directement propulsé sur la voie de l'université.

En fait, j'ai tellement aimé apprendre que je suis allé dans trois universités différentes! D'abord, je suis allé à l'université Fisk et ensuite à l'université de Berlin.

Fait amusant: Saviez-vous que l'Université de Berlin est en Allemagne? L'éducation peut vous emmener partout dans le monde.

Apprendre et devenir un grand leader était important, mais c'était aussi amusant! Je voulais partager le pouvoir de l'éducation avec mes amis afin qu'ils puissent aussi prendre plaisir.

J'ai donc créé un groupe connu sous le nom de «Dixième talentueux» et j'ai aidé à lancer la NAACP: l'Association nationale pour l'avancement des personnes de couleur.

La création de ces groupes a aidé mes amis et même de parfaits inconnus à recevoir une éducation. En tant que groupe de jeunes leaders, nous leur avons enseigné l'histoire, les mathématiques, la lecture, l'écriture et la science.

Je ne me suis pas arrêté là non plus; J'ai continué à partager l'éducation partout où je suis allé. J'ai enseigné un cours à l'Université d'Atlanta à Atlanta, en Géorgie.

Ensuite, j'ai visité le merveilleux pays du Ghana en Afrique de l'Ouest.

J'ai aussi enseigné pendant que j'étais au Ghana, mais ce que j'ai préféré dans le fait d'être dans un pays loin de chez moi était d'apprendre beaucoup de choses exceptionnelles sur les nombreuses cultures et manières de vivre qui étaient différentes de ce que je connaissais en Amérique.

Peu importe où j'ai voyagé, une chose est restée la même. L'éducation était toujours nécessaire.

Vous avez le pouvoir d'être astronaute, médecin, enseignant ou même propriétaire de votre équipe sportive préférée! Tout est possible et il n'y a AUCUNE LIMITE!

www.ingramcontent.com/pod-product-compliance
Lightning Source LLC
Chambersburg PA
CBHW081433070526
44586CB00020B/2571